Charlotte Habersack

Timo darf nicht sterben!

Deutsch als Fremdsprache
Niveaustufe A2

Lektüren für Jugendliche
Herausgegeben von Franz Specht

Mit Aufgaben von Jutta Neumann
und Illustrationen von Laska Grafix

Hueber Verlag

1 ◀ Aufgabe vor dem Lesen

▶ 2 Aufgabe nach dem Lesen

▶ 3 Klassenaktivität

Hinweis zur Ausgabe mit Audio-CD: Kapitel 1 = Track 1
Kapitel 2 = Track 2
usw.

5. 4. 3. | Die letzten Ziffern
2016 15 14 13 12 | bezeichnen Zahl und Jahr des Druckes.
Alle Drucke dieser Auflage können, da unverändert, nebeneinander benutzt werden.
1. Auflage

Redaktion: Andrea Haubfleisch, Hueber Verlag, Ismaning
Umschlaggestaltung: creative partners gmbh, München
Fotogestaltung Cover: wentzlaff | pfaff | güldenpfennig kommunikation gmbh, München
Coverfotos: Junge © getty images/Photodisc; Berg © matton images/imagebroker
Layout: Lea-Sophie Bischoff, Hueber Verlag, Ismaning
Satz: Thomas Schack, Ismaning
Illustrationen: Laska Grafix, Elke Reinhart und Gerhard Schlegel
Zeichnungen: Gisela Specht, Weßling
Druck und Bindung: Auer Buch + Medien GmbH, Donauwörth
Printed in Germany
ISBN 978–3–19–411672–6
ISBN 978–3–19–401672–9 (mit CD)

1

Timo läuft allein durch den Wald. Er hat nur ein T-Shirt, eine kurze Hose und Turnschuhe[1] an. Es ist Mitte September und noch immer sehr heiß. 1

Aber hier im Wald ist es schön kühl.

An manchen Stellen scheint die Sonne durch die Blätter.

Mit schnellen Schritten läuft Timo den Berg hoch.

Er ist schneller als die anderen Wanderer.

‚Sind die alle langsam!', denkt Timo. ‚Wie die meisten aus meiner Klasse. Immer hängen sie nur vor dem Computer und wissen gar nicht, was sie dabei alles verpassen!'

Timo ist anders.

Er ist jung und stark und macht viel Sport.

‚Ich bin lieber aktiv!', denkt Timo. ‚Computerspiele sind schon okay, aber echte Abenteuer[2] sind doch viel besser.'

Auf dem Rücken hat Timo einen kleinen Rucksack mit Wurst, Brot, einem Apfel und einer Tafel Schokolade. Aber Timo will keine Pause machen.

Noch nicht.

[1] der Turnschuh, -e

[2] das Abenteuer, –
ein besonderes, spannendes Erlebnis

Er erinnert sich an das Schild auf dem Parkplatz. Dort stand: Schachenhaus – 3 ½ Stunden.

‚Wenn ich gut bin, brauche ich nur zwei Stunden‘, glaubt Timo und muss an seine Mutter denken.

„Mach langsam“, sagt sie immer. „Nicht so schnell.“

‚Immer macht sie sich Sorgen‘, denkt Timo. ‚Weil ich ihr einziger Sohn bin. Aber ich bin doch kein Baby mehr. Sie will einfach nicht verstehen, dass ich erwachsen bin.‘

Die Vögel singen. Timo ist glücklich.

Er liebt die Natur. In Berlin ist er viel Rad gefahren.

‚Ich bin so froh, dass wir nach München gezogen sind‘, denkt er. ‚Hier kann ich im Sommer bergsteigen und im Winter Ski fahren. Das ist viel spannender als Rad fahren. Die Berge könnten mein neues Hobby werden. Vielleicht finde ich hier das wahre Abenteuer. Und eines Tages fahre ich vielleicht sogar in den Himalaja. Wer weiß?‘ In Gedanken sieht er sich schon auf dem Gipfel[3] des Mount Everest.

‚Nur noch ein Wochenende‘, denkt er. ‚Dann geht die Schule los.‘ Timo ist siebzehn und kommt in die elfte Klasse.

‚Ob ich in München Freunde finde?‘

Plötzlich endet der Wald.

Timo sieht links und rechts grüne Wiesen.

Hier oben ist das Gras viel besser als im Tal. Deshalb bleiben die Kühe bis zum Herbst in den Bergen. Nur im Winter sind sie unten im Dorf.

Eine Kuh steht genau vor Timo auf dem Weg.

Timo lacht.

„Hallo, du Schöne“, grüßt er.

„Darf ich bitte mal vorbei?“

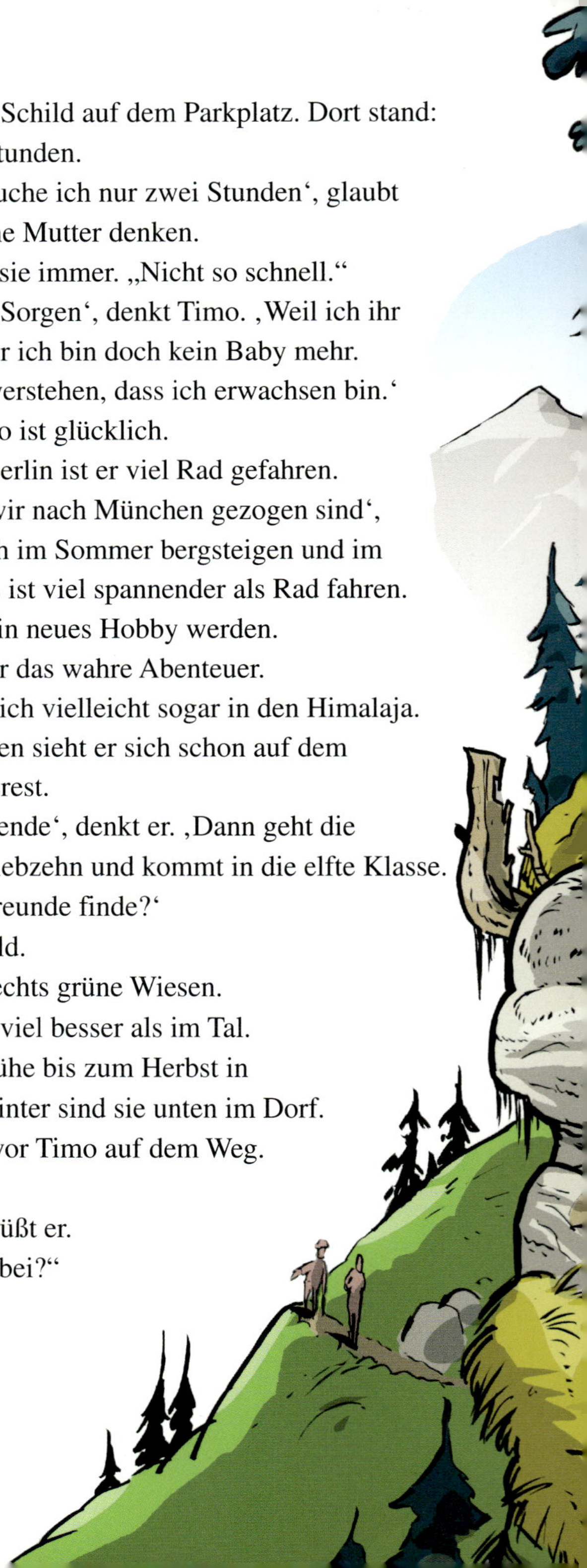

[3] auf dem Gipfel
ganz oben auf einem Berg

Bald danach sieht er einen sehr hohen Berg. Auf dem Gipfel liegt Schnee. ‚Wow!‘, denkt er. ‚Das muss die Zugspitze sein, der höchste Berg Deutschlands, fast dreitausend Meter hoch!‘

Er holt seinen Fotoapparat aus dem Rucksack und macht ein Bild. ‚Einmal dort oben stehen‘, träumt Timo. ‚Das muss ein tolles Gefühl sein.‘

Er weiß ja noch nicht, dass er schon bald dort oben ist. Und dass er sich dann gar nicht toll fühlt.

▸ 2+3
▸ 4

2

Eine Stunde später kann Timo das Königshaus sehen. König Ludwig der Zweite[4] hat das große Haus aus hellem Holz 1870 hier bauen lassen.

‚König Ludwig wusste genau, wo es schön ist', denkt Timo. ‚Ob er selbst hier hochgelaufen ist? Nein, wahrscheinlich nicht. Sicher ist er mit der Kutsche[5] gefahren. Breit genug ist der Weg ja.'

Gleich neben dem Königshaus sieht Timo das Schachenhaus. Dort gibt es etwas zu essen und zu trinken.

Timo hat großen Durst.

‚Mann, freue ich mich auf ein kühles Getränk', denkt er und beeilt sich. ‚Das habe ich jetzt aber wirklich verdient.'

Am Schachenhaus ist viel los. Viele Familien sind an diesem Wochenende in den Bergen.

Timo findet einen freien Platz in der Sonne. Gegenüber sitzt ein sympathischer junger Mann. „Darf ich?", fragt Timo.

„Na klar", antwortet der junge Mann. Er ist nicht viel älter als Timo. Timo stellt seinen Rucksack neben den Tisch und setzt sich.

„Ich heiße Timo. Kommst du auch von Elmau?"

„Hallo Timo! Ich bin Andreas. Und ich komme von dort.“ Andreas zeigt auf einen hohen Gipfel hinter dem Schachenhaus. Timo wird neugierig. Andreas hat feste Bergschuhe[6] an und sogar Stöcke[7] dabei. ‚Er sieht aus wie ein Profi-Bergsteiger‘, denkt Timo. ‚Sicher hat er viel Erfahrung.‘

„Bist du auf dem Weg nach Hause?“, fragt er.

„Nein“, antwortet Andreas. „Erst morgen. Heute gehe ich noch bis zur Reintalangerhütte.“

Timo will noch mehr Fragen stellen. Aber da kommt der Wirt an ihren Tisch.

„Was bekommt ihr?“

Timo liest die Speisekarte.

„Ein Mineralwasser und eine Bohnensuppe, bitte.“

Andreas bestellt auch ein Mineralwasser.

Der Wirt notiert alles auf einen Zettel und geht.

„Wo liegt denn die Reintalangerhütte?“, fragt Timo weiter. „Ist das weit?“

„Na ja, die Hütte liegt direkt unter der Zugspitze. Ich denke, ich brauche schon ein paar Stunden, bis ich dort bin.“

„So lange?“, fragt Timo.

Andreas lacht. „Ich hab‘s nicht eilig. Es ist ja erst zwölf und ich hab den ganzen Nachmittag Zeit.“

„Gehst du öfter in die Berge?“, fragt Timo neugierig.

Andreas nickt.

„Fast jedes Wochenende, wenn das Wetter gut ist. Ich liebe die Berge.“

„Ich auch“, sagt Timo und lacht. „Ab jetzt komme ich sicher öfter hierher.“

Nun wird Andreas neugierig.

„Du kommst nicht aus Bayern, oder?“

[4] König Ludwig der Zweite

[6] der Bergschuh, -e

[5] die Kutsche, -n

[7] der Stock, ⸚e

„Nein, ich wohne erst seit ein paar Wochen in München. Ich komme aus Berlin.“

„Ja, das hört man. Komm doch mit zur Reintalangerhütte!“, schlägt Andreas vor. „Der Weg ist superschön. Ich übernachte dort[8].“

Timo ist unsicher. „Ich weiß nicht. Bekommt man denn da so einfach einen Schlafplatz?“

„Na klar“, meint Andreas. „Der Hüttenwirt ist sehr nett. Er findet für jeden einen Platz.“

Timo freut sich. Er holt sein Handy aus dem Rucksack und schickt seiner Mutter eine SMS:

> Komme erst morgen. Mach dir keine Sorgen.
> Mir geht es gut. LG Timo

In dem Moment bringt der Wirt das Mineralwasser und die Suppe. Timo hebt sein Glas.

▶ 5–7
„Also dann – ich bin dabei! Auf unsere gemeinsame Tour!“

▶ 8
„Auf unsere gemeinsame Tour!“, wiederholt Andreas.

3

9 ◀
Nach dem Schachenhaus geht der Weg erst einmal bergab[9] ins Reintal. Timo wandert nicht, er läuft. Er ist viel schneller als Andreas.

„Vorsicht“, ruft Andreas. „Runter ist gefährlicher als rauf. Und du hast nicht mal Bergschuhe an!“

Aber Timo will nicht hören.

‚Bergschuhe?‘, denkt er. ‚Ich brauche keine Bergschuhe. Ich könnte sogar ohne Schuhe hier laufen.‘

Und er läuft noch schneller. Fast fliegt er.

[8] dort übernachten
dort schlafen

[9] bergauf/rauf (ugs.)
bergab/runter (ugs.)

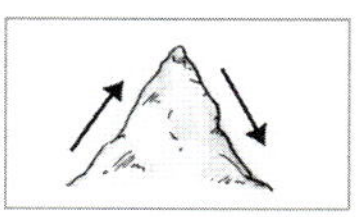

„Ich warte unten auf dich!“, ruft er. Und schon ist er weg.

Erst am Bach[10] macht Timo eine Pause. Er setzt sich auf einen großen Stein[11] und öffnet seinen Rucksack. Er isst ein bisschen Wurst und Brot und wartet auf seinen neuen Freund.

Endlich kommt auch Andreas an.

„Na“, lacht Timo, „bist du auch schon da?“

„Du bist ja wie ein junger Hund“, sagt Andreas. „Dich kann man einfach nicht bremsen.“

Er setzt sich neben Timo und zieht seine Schuhe aus. Dann hält er seine Füße ins Wasser.

„Das ist eine gute Idee“, sagt Timo und macht es genauso. Doch schon nach ein paar Sekunden nimmt er die Füße wieder aus dem Wasser. „Hu! Das ist ja eiskalt!“

Andreas lacht. „Ja natürlich. Es kommt direkt von der Zugspitze. Das ist Schmelzwasser vom Gletscher[12].“

Timo zieht seine Schuhe wieder an und bietet Andreas ein Stück Schokolade an.

„Danke“, sagt Andreas. „Wollen wir weitergehen?“

„Ja.“ Timo steht auf. „Es ist wirklich superschön hier. Danke, dass du mich mitgenommen hast. Ich bin froh, dass ich dich kennengelernt habe.“

Eine Stunde später sind die beiden am Ziel. Die hübsche Reintalangerhütte liegt in einem weiten Tal, direkt am Bach.

Vor der Hütte stehen Stühle und Tische. Bunte Fahnen tanzen lustig im Wind. Kinder spielen am Wasser.

Wanderer ruhen sich aus.

„So etwas Schönes habe ich noch nie gesehen“, freut sich Timo.

„Ich gehe zum Wirt und sage Bescheid, dass wir da sind“, sagt Andreas. „Kommst du mit?“

„Na klar.“

Timo und Andreas melden sich an. Zum Glück hat der Wirt noch Platz für Timo.

[10] der Bach, ¨-e
ein kleiner Fluss

[11] der Stein, -e

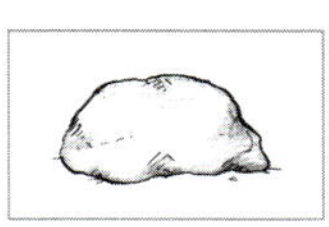

[12] ein Gletscher mit Schmelzwasser

Er erklärt ihm die Hüttenregeln:

„Ab 22 Uhr ist Hüttenruhe, in die Schlafräume darfst du nur ohne Schuhe, deinen Müll nimmst du bitte wieder mit nach Hause und Rauchen ist in der Hütte verboten.“

„Kein Problem“, sagt Timo. „Ich rauche nicht.“ Der Wirt nickt. „Gut. Dann schreibe bitte deinen Namen und das Datum in unser Hüttenbuch. Notiere auch, woher du kommst und was dein nächstes Ziel ist.“

„Mein nächstes Ziel?“, fragt Timo. „Wohin gehst du denn, Andreas?“

„Ich gehe morgen nach Garmisch und nehme dort den Zug zurück nach München. Du kannst gern mitkommen.“

Timo liest das Hüttenbuch.

Viele kommen von der Zugspitze.

▶ 10–12

Timo schreibt, dass er vom Schachenhaus kommt.

▶ 13

Sein Ziel lässt er noch offen.

4

Timo und Andreas bestellen Essen und gehen noch kurz nach draußen. Hinter den hohen Bergen geht die Sonne unter. Schnell wird es dunkel und kalt.

Timo friert[13].

„Hast du denn keinen Pullover dabei?“, fragt Andreas.

„Nein“, antwortet Timo. „Ich wusste ja nicht, dass ich über Nacht bleibe.“

„Wenn man in die Berge geht, nimmt man immer warme Sachen und eine Regenjacke mit“, erklärt Andreas.

„Aber es war doch so tolles Wetter.“

„In den Bergen wechselt das Wetter oft sehr schnell.“

‚Er spricht wie ein Lehrer‘, denkt Timo und ärgert sich ein bisschen.

[13] frieren
wenn dir kalt ist, frierst du

„Hier, ich leihe dir einen“, sagt Andreas. „Ich habe zwei dabei.“

„Nein danke. Es geht schon.“

„Jetzt nimm ihn doch!“

„Na gut. Wenn du willst.“ Timo zieht den Pulli an. Aber bald müssen sie zurück ins Haus, denn ihr Essen ist fertig.

Im Haus ist es schön warm.

Alle Gäste sitzen nun im großen Raum und essen zu Abend.

„Nach einem Tag an der frischen Luft schmeckt es besonders gut“, meint Andreas.

Am Nachbartisch erzählt ein alter Mann von der Zugspitze. Timo bekommt große Ohren[14].

„Das war ein tolles Gefühl“, sagt der Mann. „Wenn man da oben steht, auf dem höchsten Punkt, dann sehen die anderen Berge alle ganz klein aus. “

„Wie lange braucht man denn auf den Gipfel?“, fragt Timo plötzlich.

„Auf welchen Gipfel?“, fragt Andreas.

„Na, auf die Zugspitze.“

Andreas überlegt.

„Vielleicht sechs oder sieben Stunden. Warum fragst du?“

Timo lacht.

„Weil ich gerade eine Superidee habe. Wir könnten doch morgen zuerst auf die Zugspitze und dann nach Garmisch gehen?“

„Nein“, sagt Andreas sofort. „Du hast nicht die richtigen Sachen dabei. Keinen Pulli, keine Regenjacke, keine lange Hose und vor allem: nicht die richtigen Schuhe.“

„Das ist doch nicht so schlimm, oder?“

„Doch, das ist sehr schlimm.“

„Ach komm! Was soll schon passieren?“

„Jedes Jahr sterben[15] Menschen auf der Zugspitze.“

„Wirklich?“ Timo kann das gar nicht glauben. „Die Zugspitze ist doch kein Achttausender!“

[14] Timo bekommt große Ohren = *er findet das Gespräch interessant und hört genau zu*

[15] sterben *das Leben verlieren*

„Meinst du, ich lüge[16]? “, fragt Andreas. „Fünf Tote waren es im letzten Jahr. Außerdem soll das Wetter in der Nacht schlecht werden. Morgen soll es regnen. Und dort oben kann es dann schneien[17].“

„Im September?“

„Natürlich. Auf der Zugspitze schneit es manchmal sogar mitten im Sommer. Sie ist fast dreitausend Meter hoch.“

„Ich weiß.“

„Die Zugspitze ist kein Berg für Anfänger. Auch erfahrene Bergsteiger gehen da nicht allein rauf, verstanden?“

„Hm …“

„Sei nicht enttäuscht. Vielleicht gehen wir nächstes Jahr zusammen rauf, was meinst du?“

„Na gut.“

„Gib mir doch deine Telefonnummer.“

Timo gibt Andreas die Nummer.

Aber später im Bett denkt er: ‚Wie schwer kann das schon sein, wenn der alte Mann auch dort oben war? Andreas weiß ja nicht, dass ich sehr fit bin.‘

▶ 14
▶ 15

5

16 ◀

Am nächsten Morgen steht Timo früh auf. Alle anderen schlafen noch. Timo passt auf, dass er niemanden weckt.

Draußen ist es noch dunkel. Aber Timo macht kein Licht.

Er frühstückt nicht.

Er sagt nicht ‚Auf Wiedersehen‘.

Nicht zum Wirt und auch nicht zu Andreas.

Er nimmt seinen Rucksack und geht leise aus dem Haus.

‚Zugspitze, ich komme!‘, denkt er und geht los.

Eine Stunde lang läuft Timo über Wiesen bergauf.

Ganz langsam wird es hell. Über dem Bach hängt dicker Nebel[18].

Timo liebt diese Landschaft.

[16] lügen
hier: *etwas Falsches sagen*

[17] schneien,
es schneit
es fällt Schnee

[18] der Nebel (Sg.)

[19] steil

Am Ende des Reintals wird es plötzlich steil[19] und steinig. Timo sieht hoch. Wo ist denn der Gipfel? Er kann ihn nicht sehen. Der Gipfel ist in den Wolken.

Aber weiter unten sieht er etwas: Drei kleine schwarze Punkte. ‚Wanderer?', denkt er. ‚So früh? Gehen sie bergauf oder bergab?'

Wenig später kann Timo deutlich sehen, dass eine Frau, ein Mann und ein Mädchen nach unten laufen. Ein paar Minuten danach sind sie bei Timo.

„Guten Morgen", sagt die Frau. „Wo willst du denn hin?"

„Auf die Zugspitze."

„Was? Bei dem Wetter?", fragt ihr Mann.

„Es wird sicher wieder besser", meint Timo.

„Das glaube ich nicht. Wir kommen von der Knorrhütte. Dort oben kannst du nicht mal zehn Meter weit sehen."

Die Frau zeigt auf Timos kurze Hosen.

„Sag mal, ist dir nicht kalt?", fragt sie.

Timo antwortet nicht auf ihre Frage und will vorbeigehen.

‚Die ist ja schlimmer als meine Mutter‘, denkt er. Er ärgert sich jetzt, dass er stehen geblieben ist.

„Deine Kleider sind viel zu dünn[20]“, sagt der Mann. „Wir waren gestern auf dem Gipfel. Mit deinen Turnschuhen kommst du da nicht rauf.“

„Komm doch mit uns“, schlägt jetzt das kleine Mädchen vor.

„Ja“, sagt die Mutter. „Das ist eine gute Idee.“

Aber Timo denkt: ‚Sie waren doch auch auf dem Gipfel. Sogar das kleine Mädchen. Also kann ich das schon lange.‘

„Danke für das Angebot“, sagt er. „Aber ich versuche es trotzdem. Wenn das Wetter schlechter wird, kann ich ja auf der Knorrhütte bleiben.“

▶ 17
Er sagt schnell „Auf Wiedersehen“ und geht weiter.

In der Reintalangerhütte wacht Andreas auf. Er hört Musik. Der Wirt spielt auf seiner Zither und weckt damit die Gäste.

Der Platz neben Andreas ist leer. ‚Ob Timo schon frühstückt?‘

Andreas steht auf. Er wäscht sich und geht in den Frühstücksraum. Aber er kann Timo nirgends finden.

„Haben Sie meinen Freund gesehen?“, fragt er den Wirt.

„Nein, heute noch nicht.“

„Wo kann er nur sein?“

Der Wirt weiß auch keinen Rat[21].

„Bezahlt hat er gestern Abend schon.“

Andreas sieht im Hüttenbuch nach.

Aber Timo hat kein Ziel notiert.

‚Warum hat er nicht ‚Auf Wiedersehen‘ gesagt?

Ist er vielleicht doch Richtung Gipfel gegangen?‘

Andreas sieht aus dem Fenster. Dicke Wolken[22] hängen im Tal.

‚Nein, das ist zu gefährlich. Es regnet sicher bald. So dumm ist er nicht. Sicher ist er schon auf dem Weg nach Garmisch.

[20] zu dünn
hier: *nicht warm genug*

[21] keinen Rat wissen
hier: *keine Idee haben / nichts wissen*

[22] die Wolke, -n

Wenn ich mich beeile, treffe ich ihn noch.‘
Aber er macht sich nun doch Sorgen. ‚Warum hat Timo sich nicht verabschiedet?‘
Schnell nimmt er seinen Rucksack und geht hinaus.
Es regnet schon.

18

6

Timo konzentriert[23] sich. Er sieht nach unten, damit er den Weg nicht verliert. Der Weg ist nicht sehr breit.
‚Wenn nur dieser Nebel nicht wäre‘, denkt Timo.
Zum Glück gibt es alle paar Meter eine Markierung: Rote und weiße Farbe auf einem Stein.
Timo zählt seine Schritte.
Schon nach zehn Schritten kann er den Stein mit der Farbe nicht mehr sehen.
‚Nicht mal zehn Meter‘, denkt Timo. ‚Ich werde die Knorrhütte erst sehen, wenn ich fast vor ihr stehe.‘
Timo denkt an Andreas.
‚Er ist sicher sauer. Na ja, wenn ich zu Hause bin, rufe ich gleich an und entschuldige mich.‘
In dem Moment piepst Timos Handy. Es ist das Zeichen, dass der Akku gleich leer[24] ist.
Timo muss an seine Mutter denken.
‚Wenn ich auf der Knorrhütte bleibe, dann komme ich ja erst morgen nach Hause. Ich muss Mama noch eine Nachricht schicken.‘
Schnell holt Timo sein Handy aus dem Rucksack und tippt eine SMS ins Telefon:

| Komme erst morgen. LG Timo |

[23] sich konzentrieren
hier: *genau aufpassen*

[24] der Akku ist leer =
das Handy funktioniert ab jetzt nicht mehr

Kaum hat er die Nachricht abgeschickt, piepst das Handy noch einmal. Dann ist der Akku leer.

‚Gerade noch einmal Glück gehabt', denkt Timo und geht weiter.

Nach ein paar Schritten merkt er, dass er schon lange keine Markierung mehr gesehen hat.

‚Aber hier ist der Weg, oder? Das sieht doch wie ein Weg aus.'

Timo geht noch ein paar Schritte weiter. Aber es kommt keine Markierung mehr.

„Nein!", ruft Timo laut.

Direkt vor ihm geht es plötzlich steil bergab.

Noch ein Schritt und …

Timos Herz klopft wie verrückt[25].

Schnell weg von diesem schrecklichen Ort!

Schritt für Schritt geht er zurück und sucht nach der letzten Markierung.

Endlich findet er den Weg wieder.

Er setzt sich auf einen Stein.

Seine Beine sind schwer.

Warum fühlt er sich denn plötzlich so schwach?

‚Ich habe heute noch nichts gegessen', denkt er und holt das Brot aus seinem Rucksack.

‚Ich mache jetzt erst mal eine kleine Pause. Ziemlich starker Wind hier oben.' Timo ist froh, dass er Andreas' Pulli noch hat. Er zieht den Pulli an und isst ein Brot mit Wurst und Käse.

▶ 19
Danach fühlt er sich schon sehr viel besser.

[25] das Herz klopft wie verrückt = *Timo hat Angst*

Andreas geht schon seit einer Stunde in Richtung Garmisch. Aber Timo hat er noch immer nicht gefunden.

‚Wann ist er aufgestanden? Wie lange ist er wohl schon unterwegs?'

Andreas ärgert sich: ‚Zu dumm, dass ich so lange geschlafen habe!'

Weiter vorn sieht er jetzt drei Wanderer in gelben Regenjacken. Andreas geht schneller als sie. Bald ist er bei ihnen.

„Na, ihr seht ja aus wie drei gelbe Zwerge[26]", begrüßt er sie.

Das kleine Mädchen lacht.

„Und du siehst aus wie ein nasser Pudel[27]!"

Andreas zieht die Kapuze über seine nassen Haare.

„Ja, das stimmt", lacht er. „Genau so fühle ich mich auch."

„Ich heiße Lina", sagt das Mädchen. „Und wie heißt du?"

„Ich bin Andreas."

„Ich heiße Christian", stellt sich nun auch der Vater vor.

„Und ich bin Claudia", sagt die Frau und lächelt.

„Wo gehst du denn hin, Andreas?", fragt Lina.

„Zum Zug. Nach Garmisch."

„Wir auch! Gehen wir zusammen? Mit meinen Eltern ist es immer so langweilig."

Andreas lacht. Lina ist sympathisch.

„Gern, wenn ich darf."

‚Dann muss ich wenigstens nicht allein gehen', denkt er.

„Aber natürlich!", sagt Claudia, „Komm nur mit!"

„Hoffentlich wird das Wetter nicht noch schlechter", sagt Christian.

Voll Sorge sieht Andreas noch einmal zurück.

Groß und grau steht die Zugspitze hinter ihnen.

Ihren Gipfel kann man nicht sehen.

‚Wo ist Timo? Auf dem Weg nach Garmisch?

Oder dort oben im Nebel?'

▶ 20

[26] der Zwerg, -e 

[27] der Pudel, – 

7

Timo hat ein Problem: Wenn er zu schnell geht, verliert er wieder den Weg. Und wenn er zu langsam geht, friert er.

‚Es ist wirklich eiskalt hier oben‘, denkt er. ‚Hoffentlich bin ich bald an der Knorrhütte. Dann trinke ich einen warmen Tee.‘

Plötzlich öffnet sich die weiße Nebelwand und die Hütte steht direkt vor ihm. Wie aus dem Nichts.

Endlich!

„Na, wo kommst du denn her?“, fragt der Wirt in der warmen Gaststube.

„Von der Reintalangerhütte“, antwortet Timo und bestellt einen Früchtetee.

„Ich habe gedacht, heute kommen keine Gäste mehr“, sagt der Wirt und stellt Timo den heißen Tee hin. „Du kannst ein Zimmer ganz für dich allein haben.“

„Nein, danke“, sagt Timo und legt seine Hände an die warme Tasse. „Ich will weiter zum Gipfel.“

Der Wirt lacht. „Du machst Spaß, oder?“

„Nein, das ist kein Spaß“, erklärt Timo.

„Auf den Gipfel? Bei dem Wetter?“, ruft der Wirt. „Bist du verrückt?“

„Vielleicht“, sagt Timo und lächelt.

„Das ist ein großes Risiko[28]“, warnt der Wirt.

„Oder ein Abenteuer“, antwortet Timo.

Der Wirt schüttelt den Kopf.

„Mit diesen Kleidern und mit Turnschuhen?“, sagt er. „Nein, das ist kein Abenteuer, das ist Dummheit.“

Timo trinkt schnell seinen Tee aus und nimmt seinen Rucksack.

„Ich rate dir: Bleib hier“, versucht es der Wirt noch einmal.

„Wenn das Wetter morgen besser ist, kannst du immer noch hinauf. Und wenn nicht, gehst du ins Reintal zurück.“

[28] „Das ist ein großes Risiko“
„Das ist sehr gefährlich! Tu das nicht!“

[29] glatt

‚Zurück?‘, denkt Timo. ‚Jetzt bin ich doch schon fast oben.‘
Dann fragt er: „Was bekommen Sie für den Tee?“
„Den kannst du später bezahlen“, sagt der Wirt, „wenn du wiederkommst.“
„Ich komme wirklich wieder“, sagt Timo und öffnet die Tür.
Ein eiskalter Wind fährt ins Haus.
„Aber erst nächstes Jahr. Und ich bringe einen Freund mit.“
Dann geht er.

21

Timo geht weiter und isst dabei den Rest Schokolade. Danach fühlt er sich viel stärker. Hinter der Knorrhütte läuft er über die Moränenhügel des Gletschers. Immer wieder geht es bergauf und bergab.
‚Ist doch kinderleicht‘, denkt Timo. ‚Wenn nur der kalte Wind nicht wäre!‘
Ab und zu muss Timo über ein Schneefeld.
‚Jetzt verstehe ich, warum Bergschuhe besser sind‘, denkt er. ‚Der Schnee ist wirklich ziemlich glatt[29] hier oben.‘
Vorsichtig setzt er einen Schritt vor den anderen. Doch immer wieder fällt er hin. Plötzlich bricht er mit einem Bein durch die Schneedecke. Das Bein steckt tief im Schnee.

„So was Dummes“, ruft Timo, „jetzt ist der ganze Schuh voll Schnee!“

Er zieht das Bein aus dem Schnee: Es ist rot vor Kälte.

Timo ruht sich kurz auf einem Stein aus. Er friert.

‚Ich muss mich bewegen‘, denkt Timo. ‚Sonst ist es zu kalt.‘

Schnell steht er auf.

„Autsch!“ Timo hat große Schmerzen.

Er kann nicht richtig stehen und muss sich gleich wieder hinsetzen.

Er untersucht seinen Fuß. ‚Hoffentlich ist nichts gebrochen[30].‘

Plötzlich wird es heller. Er sieht nach oben. Zwischen zwei Wolken kann er kurz den Gipfel sehen.

„Na siehst du!“, sagt Timo und macht sich selbst Mut: „Das Wetter wird besser. Ich ruhe mich nur einen Moment aus. Dann gehe ich weiter. Es ist ja nicht mehr weit.“

22+23

In diesem Moment fällt der erste Schnee.

8

Auf dem Weg zum Bahnhof singt Andreas Lieder mit Lina und sie unterhalten sich.

„Warst du auch auf der Zugspitze?“, fragt Lina.

„Nein, ich komme vom Schachenhaus. Wart ihr denn ganz oben?“

„Ja, gestern. Das war toll.“

„Alle Achtung“, gratuliert Andreas. „So ein kleines Mädchen und schon auf dem höchsten Berg Deutschlands!“

„Ich bin nicht klein“, sagt Lina.

„Natürlich nicht“, entschuldigt sich Andreas. „Dann seid ihr also heute Morgen von der Knorrhütte gekommen?“

„Ja genau.“

[30] sich etwas brechen *sich an einem Knochen verletzen*

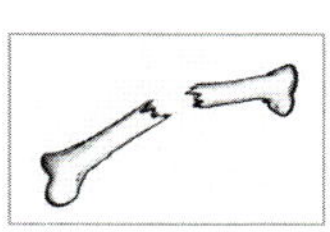

Andreas wird neugierig.

„Sagt mal, habt ihr auf eurem Weg einen Jungen gesehen? Mit braunen Haaren, kurzen Hosen und einem grauen T-Shirt?“

„So einen Verrückten mit Turnschuhen?“, fragt Christian.

Andreas wird ganz nervös.

Er erinnert sich, dass Timo nur Turnschuhe anhatte.

„Ja, ich glaube, das ist er.“

„Er wollte auf die Zugspitze!“, ruft Claudia. „Stell dir mal vor! Mit Turnschuhen und kurzen Hosen! Wir haben gesagt, er soll mit uns kommen. Aber er wollte nicht hören.“

„Habt ihr ein Handy dabei?“, fragt Andreas.

„Ja“, antwortet Christian. „Aber leider ist der Akku leer.“

„Oje! Ich muss so schnell wie möglich telefonieren. Ich glaube, Timo braucht Hilfe.“

Es regnet noch immer. Andreas dreht sich um und sieht nach oben. Aber er kann die Zugspitze nicht sehen. Sie ist in den Wolken.

‚Da oben schneit es jetzt sicher‘, denkt Andreas.

Er kann Timo nicht helfen.

Er muss warten, bis er endlich irgendwo telefonieren kann.

Timo sieht sich um. Das Wetter wird schlechter und schlechter. Die ganze Landschaft ist schon weiß. Und immer noch fällt Schnee.

Timo hat große Schmerzen. Sein Fuß wird immer dicker.
Er kann nicht mehr weitergehen.
‚Ich muss zurück', denkt Timo. ‚Zurück zur Knorrhütte. Aber ich muss sehr vorsichtig sein. Bergab ist gefährlicher als bergauf, hat Andreas gesagt.'
Timo macht ein paar Schritte. Dann muss er sich wieder setzen.
Die Schmerzen im Fuß sind zu groß.
‚Ich bin zu langsam', denkt er. ‚Aber ich muss zur Hütte zurück.'
Seine Angst wird immer größer.
Und der Wind wird immer kälter und stärker.
Timo setzt sich hinter einen großen Felsen[31].
Hier ist der Wind nicht ganz so stark.
‚Warum habe ich nicht auf Andreas gehört? Warum habe ich ihm nicht wenigstens Bescheid gesagt?'
Timo erinnert sich an die Familie mit dem kleinen Mädchen.
‚Nur die drei wissen, dass ich unterwegs zum Gipfel bin. Und der Wirt von der Knorrhütte. Aber sie werden mir nicht helfen. Sie wissen ja nicht, dass ich verletzt bin.'
Timo fühlt sich plötzlich sehr schwach.
Er ist müde. Todmüde. Am liebsten würde er kurz schlafen.
‚Nein! Bloß nicht einschlafen!', verbietet er sich selbst.
‚Was hat Andreas erzählt? Immer wieder sterben Bergsteiger hier oben.'
Timo zittert[32]. Ist das die Angst? Oder die Kälte?
‚Ich muss weitergehen', denkt er. ‚Ich muss mich bewegen. Es ist gefährlich, wenn ich schlafe.' Timo zieht den Pulli von Andreas über seine Knie. Ihm ist eiskalt.
‚Nur kurz ausruhen', denkt Timo. ‚Nur eine Minute!'
▶ 24+25
Dann schläft er ein.

[31] der Fels, -en
ein sehr großer Stein

[32] zittern
wenn es sehr kalt ist oder wenn du Angst hast, zitterst du

Das letzte Stück nach Garmisch laufen Andreas und die Familie fast. Gleich am ersten Haus klingeln sie.
Eine alte Dame öffnet vorsichtig die Tür.
„Entschuldigung“, sagt Andreas. „Es ist ein Notfall[33]. Darf ich bei Ihnen kurz mal telefonieren?“
Die alte Dame sieht Andreas unsicher an. Dann sieht sie Lina und ihre Eltern und verliert ihre Angst.
„Kommen Sie herein.“
„Vielleicht rufen wir erst mal in der Knorrhütte an“, schlägt Christian vor. „Vielleicht ist Timo ja dort.“ Er holt ein Wanderbuch aus seinem Rucksack und sucht nach der Nummer.
„Hier.“ Andreas wählt die Nummer.
„Knorrhütte, hallo?“, meldet sich der Wirt.
„Mein Name ist Andreas Faber. Ich habe eine Frage.“
„Ja? Bitte?“
„Ich suche einen Freund. Er heißt Timo. Er wollte auf die Zugspitze gehen. Ist er vielleicht bei Ihnen auf der Hütte?“
„Hier ist nur einer gewesen“, sagt der Wirt. „Ein Verrückter mit viel zu dünnen Kleidern. Wie er heißt, weiß ich nicht.“
„Kurze Hosen und Turnschuhe?“, fragt Andreas.
„Das war er“, antwortet der Wirt.
„Wie lange ist das her?“
Es dauert einen Moment, bis der Wirt antwortet.
„Drei Stunden vielleicht? Er müsste schon oben sein auf dem Gipfel.“
„Vielen Dank.“ Andreas verabschiedet sich.
„Hast du die Nummer vom Gipfel auch?“, fragt er Christian.
„Vom Zugspitzhaus? Einen Moment. Hier!“ Er zeigt Andreas die Nummer in seinem Buch.
Andreas telefoniert. Doch am Zugspitzhaus ist schon seit Stunden niemand mehr angekommen.

[33] der Notfall, ⸚e
eine gefährliche Situation; Jemand braucht schnell Hilfe, z.B. von einem Arzt.

Andreas macht sich jetzt große Sorgen.

„Timo muss zwischen der Knorrhütte und dem Gipfel etwas passiert sein. Wir müssen sofort etwas unternehmen!“

„Ja, aber was?“ Lina sieht Andreas fragend an.

„Ich informiere die Bergwacht[34]“, schlägt Andreas vor. „Könnt ihr vielleicht Timos Eltern anrufen?“

Er gibt Claudia den Zettel mit Timos Telefonnummer.

„Die Bergwacht ist gleich hier in der Nähe“, sagt die alte Dame. „Ich frage meinen Sohn, ob er Sie schnell hinfährt.“

Eine Minute später ist Andreas auf dem Weg.

Er weiß, dass sie nicht viel Zeit haben.

▶ 26+27
Wenn Timo verletzt ist, zählt jede Sekunde.

▶ 28
Vor allem bei diesem Wetter.

10

Bei der Bergwacht muss Andreas zuerst ein paar Fragen beantworten. Er muss seinen Namen nennen und seine Adresse.

Dann darf er endlich erzählen, was passiert ist:

Dass Timo zwischen Knorrhütte und Zugspitze wahrscheinlich einen Unfall hatte. Dass er viel zu dünne Sachen anhat. Dass er ohne Bergschuhe unterwegs ist.

„Aha!“, sagt der Mann von der Bergwacht.

Dann telefoniert er.

Er informiert sich über das Wetter auf dem Berg: Wie weit kann man dort oben sehen? Woher kommt der Wind und wie stark ist er im Moment?

Zehn Minuten später startet der Hubschrauber.

Andreas fliegt mit. Er möchte mithelfen bei der Suche nach seinem unvorsichtigen Freund.

[34] die Bergwacht (Sg.)
... hilft bei Notfällen in den Bergen

[35] die Fußspur, -en

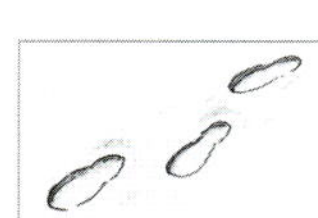

Langsam fliegen sie über den Berg.
„Sehen Sie etwas?“, fragt der Pilot.
Andreas sieht aus dem Fenster.
„Nein, nichts“, antwortet er. „Es ist alles weiß. Ich sehe keine Fußspuren[35]. Vielleicht war er noch gar nicht hier.“
„Bei dem vielen Neuschnee sind die Spuren schnell wieder weg“, antwortet der Pilot.
Sie fliegen auf einen großen Felsen zu.

Sie können nicht sehen, dass Timo hinter diesem Felsen liegt.
Und Timo kann den Hubschrauber nicht hören.
Timo schläft.
Seine Nase ist kalt und weiß wie der Schnee.

„Die Sicht wird schlechter“, sagt der Pilot. „Wir müssen landen und zu Fuß weitersuchen.“ Andreas nickt.
Kurz vor dem großen Felsen wendet der Hubschrauber und fliegt zurück zur Knorrhütte.
Sie sehen nicht, dass hinter dem Felsen ein kleiner roter Fleck im Schnee leuchtet: Timos Rucksack.
Kurz danach landet der Hubschrauber in der Nähe der Knorrhütte.

Unten in Garmisch telefoniert Claudia mit Timos Mutter.
„Es ist schon jemand unterwegs und sucht Ihren Sohn“, erklärt sie. „Aber es ist sicher gut, wenn Sie herkommen.“
Timos Mutter weint.
„Natürlich. Mein Mann und ich kommen sofort. Wir sind in einer Stunde da.“
„Fahren Sie bitte vorsichtig“, warnt Claudia. „Sie können hier im Moment noch gar nicht helfen.“

Auf dem Berg ist der Wind noch stärker und noch kälter geworden.
Schnee und kleine Eisstückchen fliegen durch die Luft.
Andreas und die Männer von der Bergwacht springen aus dem Hubschrauber und beginnen mit ihrer Suche.

Timo träumt.
Er träumt von Andreas.
Sein Freund steht auf einer grünen Wiese und lacht.
Die Sonne scheint. Es ist warm. Plötzlich steht Andreas auf dem Gipfel der Zugspitze und ruft: „Timo! Timo, wo bist du?“
„Ich bin hier!“, will Timo rufen.
Aber er kann seinen Mund nicht öffnen.
▸ 29+30 Ein Stück Eis trifft Timo am Kopf.

Timo wacht auf. Er zittert und friert.
‚Jetzt habe ich doch geschlafen‘, denkt Timo. ‚Ich darf nicht schlafen! Ich muss aufstehen!‘

Er will sich setzen.
Aber er kann sich nicht bewegen.
Auf seinem Körper liegt Schnee.
In den Händen und Füßen fühlt er nichts mehr.
Ganz leise hört er die Stimme aus seinem Traum.
„Timo! Timo, wo bist du?“
„Hier bin ich!“, ruft er mit schwacher Stimme.
Der Wind ist viel lauter.
„Timo! Timo!?“
Rund um Timo ist alles weiß.
Überall nur Steine und Schnee.
„TIMO!?“
Er kann niemand sehen.
‚Vielleicht bin ich gar nicht wach‘, denkt er.
‚Vielleicht schlafe ich noch.‘
Dann fallen seine Augen wieder zu.

11

„Timo? … Timo!?“

Mit großen Schritten läuft Andreas durch den Schnee.

‚Wir können ihn nicht finden‘, denkt er. ‚Es ist unmöglich bei diesem Wetter.‘

Andreas läuft an einem großen Felsen vorbei.

„Timo! … wo bist du?“

Plötzlich sieht er hinter dem Felsen etwas Rotes im Schnee.

‚Was ist denn das? Ist das ein Rucksack?‘

Schnell geht Andreas hin.

Ja wirklich, es ist Timos Rucksack.

Und neben dem Rucksack liegt ein Körper im Schnee.

„Timo!“, ruft Andreas.

„TIMO!!“

Timos Augen bleiben geschlossen.
Sein Gesicht ist weiß wie Milch.
Zitternd steht Andreas im Schnee.
‚Zu spät!‘, denkt er. ‚Zu spät!‘
Dann dreht er sich um und ruft so laut er kann:
„Hierher! Schnell! Hierher! Ich habe ihn gefunden!“
Kurz danach stehen der Pilot und die Männer von der Bergwacht auch an dem Felsen.
„Oje, er ist schon sehr kalt“, sagt der Pilot, „Aber er lebt noch.“
„Schnell!“, sagt ein Mann von der Bergwacht. „Helft mit!“
Gemeinsam packen sie Timo in eine Rettungsdecke.
Andreas hat Tränen[36] in den Augen.
„Bitte!“, ruft er. „Bitte! Timo darf nicht sterben!“ ▶ 31

Ein paar Stunden später steht eine Gruppe Menschen um Timos Krankenhausbett:
Timos Eltern, der Arzt, die Krankenschwester, Lina und ihre Eltern und natürlich Andreas.
Alle freuen sich, dass Timo lebt.
„Ein paar Tage muss er noch bei uns bleiben“, erklärt der Arzt.
„Sein Körper hatte nur noch 33 Grad. Tja, wenn ihr ihn nicht gefunden hättet, dann wäre er jetzt wohl tot.“
„Was machst du denn nur für Sachen!?“, sagt Timos Mutter.
Timo kann noch nicht antworten.
Aber ein bisschen lächeln kann er schon wieder.
„Bitte Timo, such dir ein anderes Hobby, ja?“, sagt sein Vater.
„Welches denn?“, fragt Andreas.
„Briefmarken sammeln“, schlägt Timos Mutter vor.
„Briefmarken sammeln!?“, ruft Lina. „Das ist ja superlangweilig!“
Alle lachen.
„Aber nicht so gefährlich“, sagt Timos Mutter. „Dann muss ich mir keine Sorgen mehr machen.“

[36] die Träne, -n
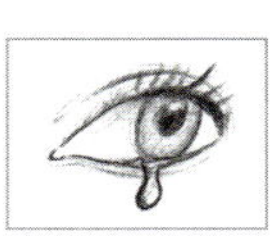

„Du musst dir auch so keine Sorgen mehr machen“, verspricht Timo mit leiser Stimme. „Ab jetzt bin ich vorsichtiger und höre auf Andreas.“

„Das musst du auch“, sagt Andreas und lacht, „denn das nächste Mal gehen wir zusammen.“

32-34 „Zusammen“, sagt Timo und lächelt.

1 „Timo darf nicht sterben!“

Sieh dir die Bilder in diesem Buch an. Welche Begriffe aus dem Kasten passen zur Geschichte? Markiere.

Computer spielen · Schule · Schnee · die Stadt · Ski fahren · die Natur · Fahrrad fahren · Freizeit · bergsteigen · die Berge · der Unfall · Freunde · das Meer · Angst

2 Timo ...

Richtig (r) oder falsch (f)? Kreuze an.

	(r)	(f)
a) Timo kommt aus Berlin, jetzt wohnt er in München.	❍	❍
b) Timo ist zusammen mit einem Freund in den Bergen.	❍	❍
c) Timo war schon oft bergsteigen und hat viel Erfahrung.	❍	❍
d) Timo will zum Schachenhaus.	❍	❍
e) Timo geht langsam und macht viele Pausen.	❍	❍
f) Timo sieht den Mount Everest und die Zugspitze.	❍	❍

3 Wo ist ...?

Wo liegen Berlin und München?
Wo ist die Zugspitze?
Zeichne die Orte auf der Karte ein.

4 Hobbys

a) **Was mag Timo gern? Was glaubt ihr? Was wisst ihr über ihn? Markiert mit einem blauen Stift.**

1) Abenteuer
2) lesen
3) Computerspiele
4) bergsteigen
5) fotografieren
6) Natur
7) chatten
8) Ski fahren
9) Fahrrad fahren
10) Freunde treffen

b) **Was mögt ihr gern? Was mögt ihr nicht? Markiert mit einem grünen Stift.**

c) **Stellt euch in eurer Klasse in einer Linie hintereinander auf. Der/Die Erste fragt: „Mögt ihr Abenteuer?“ Wenn ihr markiert habt, geht nach links, wenn ihr markiert habt, geht nach rechts. Dann fragt der/die Nächste: „Lest ihr gern?“ usw.**

5 Timos Weg von Elmau nach ...

Timos Wanderung hat in Elmau begonnen. Wo ist Timo jetzt? Ergänze die Skizze.

6 Der neue Freund

Andreas geht zum Wirt. Timo ist allein und schreibt eine SMS an seinen Freund Niklas. Schreibe die SMS zu Ende. Die Wörter im Kasten helfen dir.

morgen • Tour • gemeinsam • Bergsteiger • Andreas

Hallo Niklas, ich habe einen interessanten Jungen kennengelernt ...

er heißt Andreas und ist Bergsteiger.
Morgen ~~gehen~~ machen wir gemeinsam ein Tour.

7 Timos neue Welt

Was ist richtig? Kreuze an.

1) In der Reintalangerhütte kann Timo
   - a) ❍ schlafen.
   - b) ❍ nur etwas essen.
   - c) ❍ Fußball spielen.

2) Andreas hat
   - a) ❍ leichte Turnschuhe.
   - b) ❍ feste Bergschuhe.
   - c) ❍ keine Schuhe.

3) Wie weit ist es zur Reintalangerhütte?
   - a) ❍ eine Stunde
   - b) ❍ zwölf Stunden
   - c) ❍ einige Stunden

4) Andreas will
   - a) ❍ nach Hause.
   - b) ❍ zur Reintalangerhütte.
   - c) ❍ Timo nicht mitnehmen.

8 Wandern in den Bergen

Macht in Gruppen ein Plakat: „Wandern in den Bergen“ Was braucht ihr zum Wandern in den Bergen? Ihr könnt Bilder aus Prospekten oder Zeitschriften auf das Plakat kleben. In einem Sportgeschäft bekommt ihr Informationen und Prospekte.

9 Die Reintalangerhütte

Andreas und Timo gehen zur Reintalangerhütte. Suche ein Foto von der Hütte im Internet.

10 Regeln, Regeln, Regeln

In der Hütte gibt es ein Schild mit den Hüttenregeln. Leider kann man nicht mehr alles lesen. Ergänze die Wörter.

Schlafräume gehen • den Müll • Rauchen • Ziel ins Hüttenbuch eintragen! • ohne Schuhe • leise sein

Hüttenregeln

1) Ab 22 Uhr bitte [leise sein].
2) Bitte nur [~~den Müll~~ ohne Schuhe] in die [Schlafräume gehen]
3) [Rauchen] ist verboten!
4) Bitte [den Müll] wieder mit nach Hause nehmen.
5) Wichtig! Das nächste [Ziel ins Hüttenbuch eintragen]

11 Das Hüttenbuch

Wohin will Andreas? Was schreibt Timo in das Hüttenbuch? Ergänze.

Hüttenbuch

Name	Wohnort	Datum	Woher?	Wohin?
Bernd + Katrin	Düsseldorf	14.09.20..	Zugspitze	Elmau
Andreas	[München]	15.09.20..	Schachenhaus	[Garmisch]
Timo	[München]	15.09.20..	[Schachenhaus]	[—]

12 Timos Weg

Auf welcher Hütte ist Timo jetzt? Ergänze deine Skizze bei Aufgabe 5.

13 Was plant Timo?

Timo schreibt, dass er vom Schachenhaus kommt. Das Ziel lässt er noch offen. Warum macht er das? Diskutiert.

Ich glaube/denke,	*Timo kennt*	*sein Ziel noch nicht ...*
Vielleicht ...	*will Timo*	*auf die Zugspitze ...*
...	...	*auf der Hütte bleiben ...*
		...

14 „Andreas spricht wie ein Lehrer."

Timo ärgert sich über Andreas. Er liegt im Bett und kann nicht schlafen. Deshalb nimmt er sein Tagebuch und schreibt. Ergänze die Wörter aus dem Kasten.

schneit · Regenjacke · ohne Andreas · sterben · Lehrer · jung und fit · warme Kleidung · im September · ein alter Mann · schaffe

a) Also, Andreas spricht wirklich wie ein Lehrer. **b)** Er sagt, man nimmt immer warme Kleidung und eine Regenjacke mit. **c)** Und nicht genug! Es schneit in den Bergen. Jetzt, im September – das glaube ich einfach nicht. **d)** Er meint auch, jedes Jahr sterben Menschen auf der Zugspitze. Na ja, vielleicht will Andreas sich wichtigmachen. **e)** Auch ein alter Mann war dort oben – allein. Sag ich doch, die Zugspitze ist kein Achttausender. **f)** Und ich bin jung und fit. **g)** Ich schaffe das bestimmt auch ohne Andreas.

15 Die Zugspitze

a) **Sammelt Informationen über die Zugspitze und macht Notizen. Ihr könnt im Lexikon oder im Internet nachschauen.**
Zum Beispiel:
Wie hoch ist sie? Wie ist das Wetter dort? In welchen Monaten kann es schneien? Wie kommt man auf den Gipfel? Gibt es eine Hütte?

b) **Schreibt jetzt einen Artikel für einen Reiseführer oder für eure Schülerzeitung.**

> **Die Zugspitze**
> *Deutschlands höchster Berg ist die Zugspitze. Sie ist in den Alpen, in Bayern.*

16 Am Morgen ...

... schlafen noch alle. Timo steht leise auf.
Wie geht die Geschichte weiter? Was glaubst du? Kreuze an.

a) ❍ Timo steht allein auf und geht frühstücken. Später geht er mit Andreas nach Garmisch.
b) ❍ Timo weckt Andreas. Sie wollen gemeinsam auf die Zugspitze.
c) ❍ Timo geht allein weiter. Er will auf die Zugspitze.

17 „Geh besser nicht weiter, Timo!“

Timo trifft drei Wanderer. Wer sagt was? Trage Buchstaben in die Kästchen ein (Frau = F; Mann = M; Mädchen = Mä).

a) „Wohin gehst du?“ [F]

b) „Du brauchst bessere Schuhe.“ [M]

c) „Das Wetter ist schlecht.“ [M]

d) „Willst du mit uns kommen?“ [Mä]

18 „Wo ist Timo?“

Andreas wacht auf, und Timo ist weg. Andreas hat viele Fragen:

Ist Timo auf dem Weg nach Garmisch?
Ist er auf dem Weg zum Gipfel?
Warum hat er nicht „Auf Wiedersehen“ gesagt?

a) **Ihr könnt Andreas' Fragen beantworten. Macht Notizen.**

Nein. Timo geht zur Zugspitze
Ja

b) **Bildet zwei Gruppen: Gruppe A spielt Andreas und stellt seine Fragen, Gruppe B beantwortet sie.**

19 Auf dem Weg zur Knorrhütte

Timo macht sich ganz mutig auf den Weg. Doch dann ... Was passiert? Bringe die Sätze in die richtige Reihenfolge.

a) ☐ Timos Handy geht nicht mehr.
b) ☐ Timo setzt sich auf einen Stein.
c) ☐ Timo findet den Weg wieder.
d) [1] Timo will zur Knorrhütte. Durch den Nebel kann er den Weg nicht gut sehen.
e) ☐ Timo isst ein Brot.
f) ☐ Timo schickt eine SMS an seine Mutter.
g) ☐ Timo sieht keine Wegmarkierungen mehr.
h) ☐ Plötzlich geht es steil bergab.

mutig = brave / courageous

20 Andreas auf dem Weg nach Garmisch

Was ist richtig? Kreuze an.

1) Andreas ist
   - a) ❍ in einer Stunde in Garmisch.
   - b) ❍ ist schon seit einer Stunde in Richtung Garmisch unterwegs.

2) Andreas trifft
   - a) ❍ drei gelbe Zwerge.
   - b) ❍ drei Wanderer in gelben Regenjacken.

3) Andreas
   - a) ❍ will nicht allein gehen.
   - b) ❍ muss allein gehen.

4) Andreas
   - a) ❍ hat Spaß mit den Wanderern.
   - b) ❍ findet die Wanderer langweilig.

5) Andreas
   - a) ❍ macht sich Sorgen um Timo.
   - b) ❍ hat keine Angst um Timo.

take care of

21 In der Knorrhütte

Timo kommt in der Knorrhütte an und spricht mit dem Wirt.

a) **Schreibt zu zweit einen Dialog.**

Wirt	**Timo**
Na, wo kommst du denn her?	Von der Reintalangerhütte
Möchtest du hier schlafen?	Nein, danke. Ich will weiter zum Gipfel
Du kannst doch bei dem Wetter nicht auf die Zugspitze?	
Bleib doch hier.	Wie viel kostet der Tee?

b) **Spielt den Dialog zwischen Timo und dem Wirt nach. Timo soll lieber in der Hütte übernachten. Könnt ihr ihn überreden?**

22 Timos Weg zum Gipfel

Wie ist es jetzt auf dem Weg zum Zugspitzgipfel? Welche Wörter aus dem Kapitel passen noch?

Timos Weg zum Gipfel

- es schneit
- glatt
- kalt
- Nebel
- Eis
- Gletscher

23 Ein Unfallbericht

Du siehst Timo im Schnee. Ergänze den Unfallbericht. Was denkst du, was ist mit Timos Bein?

Schnee fällt Schmerzen rot hin gebrochen Bein

Timo läuft über den Schnee. Immer wieder fällt er hin.
Jetzt steckt sein Bein im Schnee.
Timo kann nicht mehr stehen, wahrscheinlich hat er Schmerzen.
Sein Bein ist rot. Vielleicht ist es gebrochen …

24 Im Tal und auf dem Berg

Timo und Andreas sind an verschiedenen Orten. Was tun sie? Ordne zu und schreibe Sätze.

an Andreas denken Hilfe holen sich Sorgen machen ~~Lieder singen~~ Schmerzen haben reden mit … nach Timo fragen nicht weitergehen können einschlafen telefonieren

Andreas ist auf dem Weg zum Bahnhof.	Timo ist unterwegs zum Gipfel.
Er singt Lieder mit Lina und …	Er sieht sich um. Es schneit.

25 Timo ist müde.

Schreibe beide Sätze zu Ende.

Timo möchte nicht einschlafen, weil das gefährlich ist.

Timo schläft ein, weil er so müde ist.

26 Andreas will helfen

Was ist richtig? Kreuze an. Mehrere Antworten sind möglich.

1) Andreas telefoniert mit
   - a) [x] dem Wirt von der Knorrhütte.
   - b) [x] dem Zugspitzhaus.
   - c) [x] Timos Eltern.

2) Timo
   - a) [x] war vor drei Stunden in der Knorrhütte.
   - b) [ ] ist in drei Stunden im Zugspitzhaus.
   - c) [ ] ist schon auf dem Gipfel.

3) Andreas denkt:
   - a) [x] „Timo ist zwischen der Knorrhütte und dem Zugspitzhaus."
   - b) [x] „Timo ist in Gefahr. Wir müssen schnell helfen, sonst stirbt er."
   - c) [ ] „Timo hat sich vielleicht verletzt."

4) Andreas holt Hilfe: Er
   - a) [ ] geht zur Bergwacht.
   - b) [x] fährt zur Bergwacht.
   - c) [x] telefoniert mit der Bergwacht.

27 Andreas weiß jetzt, wo Timo ist!

Auf dem Bild siehst du zwei Hütten: die Knorrhütte und das Zugspitzhaus. Leider kann man auf den Schildern die Namen nicht mehr lesen.

a) **Schreibe die richtigen Namen auf die Schilder.**

b) **Wo ist Timo ungefähr? Zeichne ein Kreuz für ihn ein.**

c) **Ergänze deine Skizze bei Aufgabe 5.**

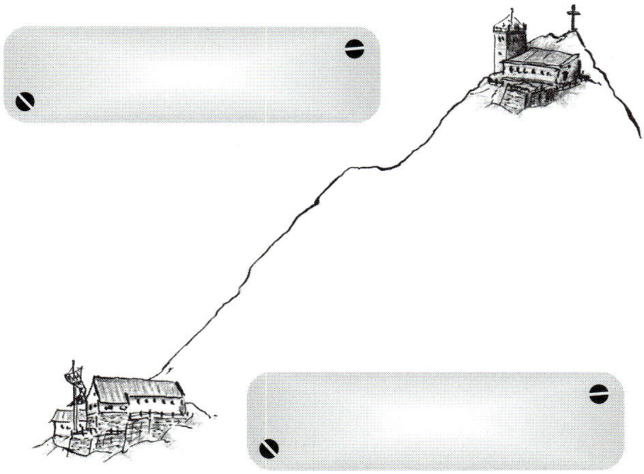

28 Die Bergwacht

a) **Welche Aufgaben hat die Bergwacht? Ihr könnt im Internet oder im Lexikon nachsehen. Macht Notizen in eurer Muttersprache.**

b) **Wie kann die Bergwacht Timo helfen? Was glaubt ihr? Schreibt mindestens einen Satz.**

29 Alle suchen Timo

Was ist richtig? Kreuze an.

1) Andreas sitzt im Hubschrauber. Was sieht er?
   - a) ❍ Fußspuren
   - b) ❍ einen Felsen
   - c) ❍ Timos roten Rucksack

2) Warum muss der Pilot landen?
   - a) ❍ Sie haben kein Benzin mehr.
   - b) ❍ Man kann fast nichts mehr sehen.
   - c) ❍ Der Hubschrauber kann nicht so hoch fliegen.

3) Der Hubschrauber landet
   - a) ❍ in der Nähe der Knorrhütte.
   - b) ❍ vor dem großen Felsen.
   - c) ❍ an der Knorrhütte.

4) Andreas und die Männer von der Bergwacht
   - a) ❍ warten, bis das Wetter besser ist.
   - b) ❍ gehen in die Hütte.
   - c) ❍ suchen zu Fuß weiter.

5) Timo
   - a) ❍ kann sich nicht bewegen.
   - b) ❍ ist wach und sieht Andreas.
   - c) ❍ ruft laut nach Andreas.

30 Traum oder Wirklichkeit?

Hört Timo die Stimme in seinem Traum oder ruft ihn wirklich jemand? Was denkst du? Schreibe einen Satz.

Ich glaube, ______________________________

____

31 Die Rettung

Was passt? Ordne zu.

1) Andreas läuft	a) „Timo!“
2) Er ruft	b) an einem großen Felsen vorbei.
3) Er sieht	c) „Er lebt noch!“
4) Der Pilot sagt:	d) packen Timo in eine Rettungsdecke.
5) Die Männer und Andreas	e) den roten Rucksack.

32 Timo lebt.

Wie findet ihr, was Timo gemacht hat? Diskutiert in der Klasse.

Ich finde, Timo ...
Ich denke, ...

... hat einen Fehler gemacht.
... hat ein Abenteuer erlebt.
... hat Glück gehabt.

Das war ...

dumm ...
mutig ...
gefährlich ...

Ich möchte das auch ..., weil ...
Ich mache so etwas nie, weil ...
Ich finde es nicht richtig, weil ...

33 Buchtipp

Schreibt für eure Schülerzeitung einen Buchtipp für „Timo darf nicht sterben!“. Die Satzanfänge helfen euch dabei.

Das Buch „Timo darf nicht sterben“ von Charlotte Habersack erzählt von einem Jungen. Er zieht von Berlin nach München und geht zum ersten Mal in die Berge …

Andreas …
die Zugspitze …
Kleidung zum Bergsteigen …
keine Erfahrung …
schlechtes Wetter …
Timo geht allein … / kommt in Gefahr.

Wir finden das Buch gut / nicht gut, weil …
Das Buch ist spannend/langweilig, weil …

34 Ferien in den Bergen?

Und ihr? Wollt ihr nach dem Lesen von „Timo darf nicht sterben!“ in die Berge fahren? Diskutiert in der Klasse.

Ja./Vielleicht/ …	*Nein. / Auf keinen Fall …*
Ich mag die Berge!	*Ich fahre lieber ans Meer / nach …*

Ich finde Bergsteigen langweilig/gefährlich/anstrengend …

1
der Unfall, Freunde, die Berge, Schnee, Angst, Freizeit, bergsteigen

2
richtig: a, d
falsch: b, c, e, f

3
Von oben nach unten:
Berlin, München, Zugspitze

5
Elmau — *Schachenhaus*

6
Beispiel:
... Er heißt Andreas und ist Bergsteiger. Morgen machen wir gemeinsam eine Tour. LG (= Liebe Grüße) Timo

7
1a, 2b, 3c, 4b

10
1 leise sein 2 ohne Schuhe / Schlafräume gehen 3 Rauchen 4 den Müll 5 Ziel ins Hüttenbuch eintragen!

11
Andreas: München/Garmisch
Timo: München/Schachenhaus/–

12
Elmau – Schachenhaus – *Reintalanger-hütte*

14
b warme Kleidung, Regenjacke
c schneit, im September d sterben
e ein alter Mann f jung und fit
g schaffe, ohne Andreas

16
Alle Antworten sind möglich.

17
a F c M d Mä

19
a 3 b 7 c 6 e 8 f 2 g 4 h 5

20
1b, 2b, 3a, 4a, 5a

22
glatt, es geht bergauf, es geht bergab, Wind, Nebel, Schnee ...

23
fällt, hin, Bein, Schnee, Schmerzen, rot, gebrochen

24
Lösungsbeispiele:
Andreas: ... und redet mit der Familie. Später fragt er die Wanderer nach Timo. Er macht sich Sorgen. Andreas will schnell telefonieren und Hilfe holen.

Timo: ... hat große Schmerzen. Er kann nicht weitergehen. Timo denkt an Andreas. Er ist sehr müde und möchte schlafen. Aber das ist gefährlich: Timo darf nicht einschlafen.

25

Lösungsbeispiele:

Timo möchte nicht einschlafen, weil Schlafen in der Kälte sehr gefährlich ist. / weil schon viele Bergsteiger so gestorben sind.

Timo schläft ein, weil er sehr schwach und müde ist.

26

1a/b, 2a, 3a/b/c, 4b

27

a unten: Knorrhütte, oben: Zugspitzhaus

b Timo ist zwischen den beiden Hütten.

c Elmau – Schachenhaus – Reintalangerhütte – *Knorrhütte* – *X*

29

1b, 2b, 3a, 4c, 5a

30

Lösungsbeispiele:

Ich glaube, Timo hört Andreas wirklich: Er schläft und hört ihn bis in seinen Traum.

Ich glaube, Timo hört Andreas nicht: Er braucht seine Hilfe und träumt von ihm.

31

2a, 3e, 4c, 5d